SANTO AFONSO DE LIGÓRIO

7 MEDITAÇÕES sobre SÃO JOSÉ

Tradução:
Pe. Flávio Cavalca de Castro, C.Ss.R.

EDITORA
SANTUÁRIO

DIREÇÃO EDITORIAL:
Pe. Fábio Evaristo R. Silva, C.Ss.R.

CONSELHO EDITORIAL:
Cláudio Anselmo Santos Silva, C.Ss.R.
Edvaldo Manoel Araújo, C.Ss.R.
Ferdinando Mancilio, C.Ss.R.
Gilberto Paiva, C.Ss.R.
Marco Lucas Tomaz, C.Ss.R.
Victor Hugo Lapenta, C.Ss.R.

COORDENAÇÃO EDITORIAL:
Ana Lúcia de Castro Leite

DIAGRAMAÇÃO E CAPA:
Bruno Olivoto

ISBN 978-65-5527-098-3

5ª impressão

Todos os direitos reservados à **EDITORA SANTUÁRIO** – 2025

Rua Pe. Claro Monteiro, 342 – 12570-045 – Aparecida-SP
Tel.: 12 3104-2000 – Televendas: 0800 0 16 00 04
www.editorasantuario.com.br
vendas@editorasantuario.com.br

APRESENTAÇÃO

"Ide a José e fazei o que ele vos disser."
(Gn 41,55)

O Centro Redentorista de Espiritualidade (CERESP) tem a satisfação de apresentar sete meditações, compostas por Santo Afonso Maria de Ligório (1696-1787), sobre São José. Nosso desejo é celebrar o Ano de São José (2020-2021), proclamado recentemente pelo Papa Francisco, em comemoração aos 150 anos da declaração de São José como Padroeiro Universal da Igreja. Ao longo dos séculos, São José foi alvo dos escritos de muitos santos e doutores da Igreja, dentre eles Santo Afonso, que durante sua vida nutriu uma singular devoção ao santo.

Muito válidas são as meditações de Santo Afonso, mesmo que elas contenham marcas de uma determinada época (séc. XVIII). Seus escritos ainda tocam os corações devotos e transmite uma mensagem vivencial do Evangelho. Cremos que os leitores se beneficiarão dos elementos espirituais presentes no texto. Desejamos que essas meditações estimulem tantos na devoção ao pai adotivo de Jesus, o justo José.

Santo Afonso viu em São José a possibilidade da santificação pelas coisas simples, santificar-se no cotidiano. Esse pormenor inspira-nos a assumir nossa vocação universal à santidade, como nos propôs a Constituição Dogmática *Lumen Gentium*, 39: "Por isso, todos na Igreja, quer pertençam à hierarquia quer por ela sejam pastoreados, são chamados à santidade, segundo a palavra do Apóstolo: 'esta é a vontade de Deus, a vossa santificação'".

Ir. André Luiz Oliveira, C.Ss.R.
Diretor do Centro Redentorista de Espiritualidade

Essas meditações foram escritas por Santo Afonso, em 1758. O texto está em: S. Alfonso Maria de Liguori, "OPERE ASCETICHE", Vol. X, p. 325-349, Edizioni di Storia e Letteratura, Roma, 1968.

EXORTAÇÃO À DEVOÇÃO A ESSE GRANDE SANTO

Para nos inflamar de grande devoção a São José deveria bastar o exemplo de Jesus, que nesta terra quis honrá-lo tanto e ser-lhe obediente. Desde que o Eterno Pai lhe deu José como seu representante, ele sempre o considerou como pai, respeitou-o e obedeceu-lhe como a pai durante trinta anos: "e era-lhes submisso" (Lc 2,51). Isso significa que em todos aqueles anos a única ocupação do Redentor foi obedecer a Maria e a José. A este, durante todo aquele tempo, coube a função de comandar, como cabeça daquela pequena família. A Jesus cabia obedecer; tanto que ele não dava um passo, nada fazia, não comia, nem repousava, a não ser seguindo as ordens de José.

O Senhor revelou a Santa Brígida: "Meu Filho era tão obediente que, se José dizia faça isto ou aquilo, ele imediatamente o fazia". E J. Gerson: "Muitas vezes prepara a bebida e a comida, lava a louça, traz água da fonte e varre a casa". A humildade de Jesus, que obedece, mostra que a dignidade de São José está acima da de todos os santos, menos a da divina Mãe. Por isso com razão escreveu um sábio autor: "Deve ser muito honrado pelos homens aquele que o Rei dos reis quis exaltar tanto". O próprio Jesus recomendou a Santa Margarida de Cortona que fosse particularmente devota de São José, por ter ele sido quem o nutriu.

Para compreender as grandes graças que São José concede a seus devotos, haveria muitos exemplos que deixo de mencionar. Basta-me aqui o que diz Santa Teresa no capítulo sexto de sua vida: "Não me lembro, diz a santa, de lhe ter feito um pedido que ele me tenha negado. Seria maravilhoso relatar as muitas graças que Deus me concedeu, por meio desse santo, e os perigos de que me livrou, tanto do corpo como da alma. Parece que aos outros santos Deus concedeu poder socorrer-nos em uma só necessidade; este santo socorre em todas, como o prova a experiência. Parece que Deus quer mostrar-nos que, como na terra lhe foi sujeito, agora no céu faz tudo que ele pede. Essa foi a experiência de outras pessoas, às quais eu dizia que se recomendassem a ele. Gostaria de convencer todos a ser devotos desse santo, pela experiência que tenho dos grandes favores que ele nos obtém de Deus. Não conheço ninguém, que lhe seja especialmente devoto, que não avance sempre mais nas virtudes. Há muitos anos, no dia de sua festa, peço-lhe uma graça, e sempre a tenho conseguido. Peço por amor de Deus, se alguém não o crê, que faça a prova. Não sei como alguém possa pensar na Rainha dos Anjos, que tanto se afadigou durante a infância de Jesus, e não agradeça a São José a ajuda que, naquele tempo, prestou à Mãe e ao Filho".

Em uma palavra. Bem o disse São Bernardino de Sena que não devemos duvidar que o Senhor, que durante a vida respeitou São José como seu pai, agora no céu nada lhe negará, mas, ao contrário, atenderá mais ainda seus pedidos.

De modo especial todos nós, que haveremos de morrer um dia, devemos ser devotos de São José para obter uma boa morte. Todo o mundo cristão reconhece São José como advogado dos moribundos e protetor da boa morte. E isso por três razões. Em primeiro lugar porque ele é amado por Jesus, não só como amigo, mas como pai; por isso sua intercessão é mais poderosa que a dos outros santos. Diz J. Gerson que os pedidos de São José diante de Jesus são como que ordens. Em segundo lugar, porque São José tem poder maior contra os demônios que nos atacam no fim da vida. Jesus deu a São José o privilégio particular de proteger os moribundos das ciladas de Lúcifer, porque o santo o salvou das armadilhas de

Herodes. Em terceiro lugar, porque São José, por causa da assistência que Jesus e Maria lhe prestaram na morte, tem o privilégio de obter uma santa e doce morte para seus servos. Por isso, invocado por eles na hora da morte, virá confortá-los, trazendo-lhes também a assistência de Jesus e de Maria.

[...]

PRIMEIRO DIA

A VIAGEM A BELÉM, ONDE JESUS NASCEU

"Também José subiu de Nazaré, na Galileia, para a cidade de Davi, chamada Belém, na Judeia."
(Lc 2,4)

Pense nos doces colóquios que, durante a viagem, aconteceram entre Maria e José sobre a misericórdia de Deus, ao enviar seu Filho ao mundo para remir o gênero humano. Falavam também sobre o amor do Filho ao vir para este vale de lágrimas, para apagar com seus sofrimentos e morte os pecados dos homens.

Contemple o sofrimento de José naquela noite, em que nasceu o Verbo Divino, ao se ver com Maria expulso de Belém, obrigados a se refugiarem em uma estrebaria. Como sofreu José ao ver sua santa esposa, jovenzinha de quinze anos, a ponto de dar à luz, tremendo de frio naquela gruta, úmida e aberta a todos os ventos!

Depois, porém, qual deve ter sido sua consolação ao ouvir Maria que o chamava dizendo: "Vem, José, vem adorar nosso Deus Menino, que nasceu nesta espelunca. Vê como é belo, vê sobre esta manjedoura, sobre esses capins, o Rei do mundo. Vê como treme de frio aquele que faz arder de amor os Serafins! Vê como chora aquele que é a alegria do paraíso!"

E agora imagine o amor e a ternura de José, ao ver com seus próprios olhos, o Filho de Deus feito criança. Ouça os anjos que cantavam ao redor de seu Senhor recém-nascido, e contemple aquela gruta repleta de luz! Ajoelhado, José chorava enternecido: "Eu vos adoro, meu Senhor e Deus. Que sorte a minha de ser o primeiro, depois de Maria, a vos ver nascido, sabendo que quereis ser chamado de meu filho. Permiti, pois, que eu também agora vos diga: 'meu Deus e meu filho, entrego-me todo a vós. Minha vida não mais será minha, mas toda vossa. Servirá apenas para vos servir, meu Senhor'".

E quanto mais cresceu a alegria de José, ao ver naquela noite os pastores que chegavam, chamados pelo Anjo, para ver seu Salvador apenas nascido. Depois, os santos Magos, que chegavam do Oriente, para prestar homenagem ao Rei do céu, vindo à terra para salvar suas criaturas.

SEGUNDO DIA

A VIAGEM
PARA O EGITO

"Um anjo do Senhor apareceu em sonho a José e disse-lhe: 'Levanta-te, toma o menino e a mãe dele e foge para o Egito'." (Mt 2,13)

Depois que os santos Magos informaram Herodes que era nascido o Rei dos judeus, o bárbaro príncipe ordenou que se matassem todos os meninos que então havia nos arredores de Belém. Querendo Deus salvar então seu Filho da morte, mandou que um Anjo avisasse José, para que levando a criança e a mãe fugissem para o Egito.

Veja a prontidão de José em obedecer. Ainda que o Anjo não lhe tivesse marcado o tempo para partir, ele saiu imediatamente sem hesitar, nem quanto ao tempo nem quanto ao como viajar, nem quanto ao lugar onde se estabelecer no Egito. Chamou logo Maria e na mesma noite, como diz J. Gerson, juntou as pobres ferramentas que podia levar, e que deviam servir-lhe para sustentar sua pobre família no Egito.

Saiu para o Egito com sua esposa Maria, sozinhos e sem guia, para uma longa viagem de quatrocentas milhas, por entre montes, por caminhos ásperos e por desertos.

Qual deve ter sido o sofrimento de José nessa viagem, ao ver como sofria sua querida esposa, não acostumada a essas caminhadas, levando ao colo o menino amado. Na fuga eles o levavam, ora Maria, ora José, cheios de medo de encontrar a cada momento os soldados de Herodes. Isso no mais duro do inverno, com chuvas, ventos e neve. E que podiam comer nessa vigem, senão uns pedaços de pão trazidos de casa, ou recebidos de esmola? Onde dormiriam à noite, senão em alguma pobre choupana, ou ao relento no campo, debaixo de alguma árvore?

Conformava-se José com a vontade do Eterno Pai, que queria que seu Filho desde criança começasse a sofrer para satisfazer pelos pecados dos homens. Mas o terno e amante coração de José não podia deixar de sofrer ao vê-lo tremer e chorar de frio e pelos outros incômodos da viagem.

Pense, afinal, quanto devia José sofrer ao ficar por sete anos no Egito, em meio a um povo idólatra, bárbaro e desconhecido. Ali não tinha parentes, nem amigos que pudessem socorrê-lo. Por isso dizia S. Bernardo que o santo patriarca, para poder alimentar sua esposa e o divino menino (que dá o alimento aos homens e aos animais da terra), era obrigado a trabalhar noite e dia.

TERCEIRO DIA

A PERDA DE JESUS NO TEMPLO

"Ficou em Jerusalém o menino Jesus, sem que seus pais o notassem." (Lc 2,43)

Chegado o tempo de voltar do Egito, novamente o Anjo avisou a José que fosse para a Judeia com o menino e sua mãe. Lembra São Boaventura que, nesse retorno, os sofrimentos de José e Maria foram maiores que na ida, pois Jesus já estava com, mais ou menos, sete anos. Pelo tamanho, já não podia ser levado no colo, mas era pequeno demais para a longa caminhada. Mais vezes aquele querido menino precisava parar e cansado deitar-se por terra.

Além disso, pensemos no sofrimento de José e Maria quando, depois da volta para casa, perderam Jesus durante a visita ao Templo. José estava acostumado a ter sempre a presença e a companhia de seu amado Salvador; qual não foi sua dor, quando ficou sem ele por três dias, sem saber se ainda o encontraria. E sofrimento maior era não saber por que aquilo acontecia. Em sua grande humildade, o santo patriarca temia que, por alguma falta sua, Jesus tivesse decidido não continuar vivendo em sua casa, julgando-o indigno de sua companhia e da honra de cuidar dele, tesouro tão grande.

Não há dor maior para uma alma, que pôs em Deus todo o seu amor, do que temer ter-lhe causado desgosto. Naqueles três dias Maria e José não dormiram, mas choravam o tempo todo ao procurar seu amado. Por isso lhe disse a Virgem, quando o encontrou no Templo: "Filho, por que fizeste isso conosco? Teu pai e eu te procurávamos, cheios de aflição..." (Lc 2,48). Meu filho, que amarguras nos fizeste provar nesses dias, em que chorando te buscávamos sem te encontrar e sem ter notícias tuas.

QUARTO DIA

COMO O SANTO PATRIARCA ESTAVA SEMPRE COM JESUS

"Desceu com eles e foi para Nazaré, e era-lhes submisso." (Lc 2,51)

Tendo sido encontrado no Templo por Maria e José, Jesus voltou com eles para sua casa em Nazaré, e viveu com José até sua morte, obedecendo-lhe como a um pai.

Meditemos agora sobre a santa vida de José em companhia de Jesus e Maria. Naquela família não havia maior preocupação que a maior glória de Deus. Seus únicos pensamentos e desejos eram agradar a Deus; não se falava de nada, a não ser do amor que os homens devem dar a Deus, e do amor de Deus pelos homens. Principalmente mandando ao mundo seu Filho Único para sofrer e terminar sua vida em um mar de dores e desprezos, para lhes dar a salvação.

Maria e José, que muito bem conheciam as Escrituras, com quantas lágrimas deviam falar, na presença de Jesus, de sua paixão e morte. Com que ternura deviam falar de como, segundo Isaías, seu amado filho deveria ser o homem de dores e de desprezos, tão deformado pelos inimigos que nada restasse de sua beleza. Que os açoites, haveriam de rasgar e dilacerar sua carne, até que parecesse um leproso, coberto de chagas e feridas. Que seu amado filho haveria de tudo sofrer paciente, sem abrir a boca para se lamentar de tanto tormento, como cordeiro que se deixa levar à morte. Que finalmente haveria de terminar a vida em tormentos, pregado a uma cruz infame, entre dois ladrões. Imaginemos os sentimentos de dor e de amor que esses colóquios deviam despertar no coração de José.

Lembremos, ao contrário, a alegria de José ao ter encontrado Jesus no Templo. Soube afinal que o menino se afastara dele pela glória de seu Eterno Pai, e não por uma sua falta de amor.

QUINTO DIA

DO AMOR DE JOSÉ POR MARIA E POR JESUS

"Jesus desceu com eles e foi para Nazaré, e era-lhes submisso." (Lc 2,51)

Primeiro medite no amor de José por sua santa esposa. Ela era a mais bela das mulheres, como nunca houvera outra. Era a mais humilde e mansa, a mais pura, a mais obediente, a mais amante de Deus, como nunca houve nem jamais haverá entre os homens e os anjos. Merecia por isso o amor de José, que tanto amava as virtudes. Pense ainda no amor com que sabia ser amado por Maria que, em seu amor, preferia seu esposo a todas as criaturas. De sua parte, ele a considerava a predileta de Deus, escolhida para ser a mãe de seu Filho Unigênito. Por todos esses motivos, como devia ser grande o amor do justo e agradecido José por sua amável esposa.

Pense depois no amor que José tinha por Jesus. Tendo o Senhor escolhido José como pai de Jesus, certamente lhe infundiu no coração um amor de pai, e pai de um filho tão amável, que era ao mesmo tempo seu Deus. O amor de José não era puramente humano como o amor dos outros pais. Era um amor sobre-humano, vendo na mesma pessoa seu filho e seu Deus. Por segura revelação divina, que lhe fizera o Anjo, sabia José que aquele menino, que o acompanhava sempre, era o

Verbo divino que, por amor dos homens, mas especialmente dele, se fizera homem. Sabia que ele mesmo o escolhera entre todos, para ser guarda de sua vida, e queria ser chamado de filho seu.

Considere agora que incêndio de santo amor devia arder no coração de José ao pensar em tudo isso, e ao ver seu Senhor que, como rapaz, lhe prestava serviços, abrindo ou fechando a carpintaria, ajudando-o a serrar a madeira, manejando a plaina e o enxó, recolhendo as aparas e varrendo o chão. E que lhe obedecia em tudo que mandava, sem nada fazer sem sua ordem, e o via como seu pai.

Que sentimentos enchiam seu coração, ao carregá-lo ao colo, ao acariciá-lo e ao receber os carinhos daquele doce menino, ao ouvir suas palavras de vida eterna que, como setas de amor, feriam seu coração. E mais ainda quando via os santos exemplos de todas as virtudes, que lhe dava aquele jovem divino.

A convivência prolongada entre pessoas que se amam pode, às vezes, esfriar o amor, porque as pessoas, quanto mais se relacionam, tanto mais conhecem os defeitos de uns e outros. Isso não acontecia com José; quanto mais convivia com Jesus, tanto mais conhecia sua santidade. Imagine quanto amou Jesus, tendo vivido com ele por vinte e cinco anos, como dizem alguns autores.

SEXTO DIA

A MORTE DE SÃO JOSÉ

"É preciosa diante do Senhor a morte de seus santos." (Sl 116,15)

São José, depois de ter servido fielmente a Jesus e Maria, na casa de Nazaré, chegou ao fim de sua vida. Cercado pelos Anjos e tendo a presença do Rei dos Anjos, e de Maria sua esposa, um de cada lado de seu pobre leito, nessa doce e honrosa companhia, em uma paz de paraíso, deixou esta vida. Diante de tal esposa e de tal filho, o Redentor, foi muito doce e preciosa a morte de José.

E como lhe poderia ser amarga a morte, se morria nos braços da vida? Quem poderia explicar, ou compreender, a pura doçura, as consolações, as felizes esperanças, os atos de resignação, as chamas de caridade que inspiravam ao coração de José as palavras de vida eterna que Jesus e Maria lhe diziam naqueles últimos instantes de vida? É muito razoável, pois, a opinião de São Francisco de Sales, segundo o qual São José morreu de puro amor a Deus.

Essa foi a morte de nosso santo, toda plácida e suave, porque sua vida foi sempre santa. Essa, porém, não pode ser a morte dos que ofenderam a Deus e mereceram o inferno. Mas certamente grande será o consolo de quem receber nessa hora a proteção de São José. Se a ele um Deus obedeceu, certamente lhe obedecerão os demônios, expulsos pelo santo e impedidos de tentar seus devotos na hora da morte. Feliz a alma que nesse momento é assistida por esse grande advogado, ao qual, por ter morrido com a assistência de Jesus e de Maria, e por ter livrado Jesus menino dos perigos de morte na fuga para o Egito, mereceu o privilégio de ser o protetor da boa morte, e livrar seus devotos moribundos do perigo da morte eterna.

SÉTIMO DIA

A GLÓRIA DE SÃO JOSÉ

"Muito bem, empregado bom e fiel. Foste fiel no pouco, eu te confiarei muito. Vem alegrar-te com teu patrão!" (Mt 25,21)

A glória que Deus concede a seus santos no céu corresponde à santidade com que viveram na terra. Para compreender a santidade de São José, basta olharmos para o que o Evangelho diz sobre ele: "José, seu noivo, sendo um homem justo..." (Mt 1,19). Um homem justo é um homem de todas as virtudes; quem falha em apenas uma virtude não pode ser chamado de justo.

Se o Espírito Santo chama José de justo, ao ser escolhido como esposo de Maria, imaginemos a grandeza de seu amor a Deus e das virtudes que cultivou em seus colóquios e convivência com sua santa esposa, modelo perfeito de todas as virtudes. Se uma palavra apenas de Maria bastou para santificar João Batista e atrair sobre Isabel a plenitude do Espírito Santo, a que santidade não chegou a bela alma de José, com a companhia e a familiaridade de vinte e cinco anos com Maria?

E mais. Quanto não terá ele crescido em virtudes e méritos, ao viver tanto tempo sempre ao lado da santidade em pessoa que era Jesus, servindo-o, alimentando-o e dando-lhe assistência nesta terra? Se Deus promete recompensar quem dá a um pobre um simples copo de água por seu amor, qual terá sido no céu a glória de José, que o salvou das mãos de Herodes, vestiu-

-o e alimentou, tantas vezes o levou ao colo e o educou com tanto afeto? Certamente, devemos crer que a vida de José, na presença de Jesus e de Maria, era uma contínua oração, rica de fé, de confiança, de amor, de entrega e de oferta.

Ora, se o prêmio corresponde aos méritos da vida, pense qual será a glória de José no paraíso. Santo Agostinho compara os outros santos às estrelas, mas José ao sol. Padre Soarez diz ser muito razoável pensar que São José, depois de Maria, supera em mérito e glória todos os outros santos. Disso o Venerável Bernardino de Bustis conclui que no céu, de certo modo, manda em Jesus e Maria, quando quer conseguir alguma graça para seus devotos.

Este livro foi composto com as famílias tipográficas Adobe Caslon, Source Sans Pro e Trajan Pro e impresso em papel Offset 75g/m² pela **Gráfica Santuário.**